AF586713

QUATRIÈME LETTRE. — 4e LIVRAISON.

LETTRES

AUX

GENS DE FROTEY

PAR

AUGUSTE GUYARD

Auteur des *Quintessences*, anc. réd. en chef du *Bien Public;*
Membre de la Société d'Agriculture, Sciences et Arts de la Haute-Saône ;
de la Commission d'Archéologie et des Sciences historiques
du même département.

Crescit eundo.
(Elle grandit en marchant.)

Prix : 1 Franc.

Au profit de la commune modèle de Frotey-lez-Vesoul.

PARIS

E. DENTU, ÉDITEUR, PALAIS-ROYAL, GALERIE D'ORLÉANS.

Mme G. MAILLEY, 23, RUE CASSETTE, 23.

1863

AVERTISSEMENT.

Ces lettres sont en même temps un livre et le moyen d'une œuvre sociale de la plus haute importance.

L'œuvre a pour but d'élever la petite commune de Frotey-lez-Vesoul (Haute-Saône) — lieu de ma naissance, — au rang de commune modèle, surtout au point de vue moral.

Le livre, publié par souscription au profit de l'œuvre, doit la préparer, l'expliquer et aider à la réaliser.

L'œuvre comprend : des coopérateurs, des bienfaiteurs et des co-fondateurs.

Tout souscripteur à un exemplaire entier des *Lettres aux gens de Frotey* (10 fr.) sera inscrit au livre d'honneur des coopérateurs.

Tout souscripteur à 10 exemplaires (100 fr.) sera inscrit au livre d'honneur des bienfaiteurs.

Tout souscripteur à 100 exemplaires (1,000 fr.) sera inscrit au livre d'honneur des co-fondateurs.

Mais tous les noms inscrits à ces trois livres d'honneur, gravés ensuite sur l'airain et dans le cœur d'une commune, Dieu les gravera lui-même au livre de la vie éternelle.

Les titres de coopérateurs, de bienfaiteurs ou de co-fondateurs pourront être aussi accordés aux personnes qui, ne pouvant pas souscrire de leur bourse, rendraient à l'œuvre d'autres services.

Les *Lettres aux gens de Frotey* formeront un volume de 200 à 250 pages, publié en 10 ou 12 livraisons à 1 fr. Le prix d'un exemplaire de l'ouvrage entier est de 10 fr. payés d'avance.

On souscrit par un mandat sur la poste à l'adresse de Mme G. Mailley, 23, rue Cassette, à Paris. Envoyer à la même adresse les communications qu'on aurait à faire à l'auteur.

DÉDICACE.

Je dédie très-respectueusement cette quatrième lettre :

A Son Excellence M. ROULAND, ancien ministre de l'instruction publique, premier vice-président du Sénat ;

A Son Excellence Monsieur DURUY, ministre actuel de l'instruction publique ;

Comme un témoignage de ma profonde estime, de ma vive admiration et de ma reconnaissance dévouée, pour deux hommes que leurs actes de ministres louent plus que ne sauraient faire mes plus emphatiques paroles.

AUGUSTE GUYARD.

QUATRIÈME LETTRE

AUX GENS DE FROTEY

Crescit eundo. (Elle grandit en marchant.

Qui croit et veut, peut.

Mes chers Concitoyens,

Le 15 août dernier, vos petites filles et vos petits garçons ont étonné les belles dames et les beaux messieurs de la ville, et vous-mêmes, et tous les assistants, par la manière si convenable avec laquelle ils ont joué, pour la première fois de leur vie, de petites comédies en public. « On ne joue pas mieux dans nos pensionnats de demoiselles, » disaient les jolies Vésuliennes. Ils ont stupéfié les musiciens amateurs qui les ont entendus chanter en chœur, et les ont vus écrire des airs sous la dictée au bout des douze jours de leçons données par M. Dessirier.

Mais vous, mes chers concitoyens, vous allez bien autrement surprendre et stupéfier mes lecteurs, et surtout mon savant ami M. Ch. Weiss, par la sagacité de votre *comprenture* et par votre bonne volonté. Ah! comme j'avais raison de ne pas me défier de votre intelligence!

M. Weiss trouvait mes lettres au-dessus de votre portée et m'engageait à baisser d'un ton. Vous les avez si bien comprises, au contraire, que ça m'oblige, faute de place, à remettre à une autre fois la longue leçon théorique *d'émancipation intellectuelle et morale* que je vous avais promise pour aujourd'hui. En effet, toute cette 4e livraison sera occupée par le récit de vos actes d'initiative, par le long bulletin de vos victoires sur vous-mêmes, sur vos préventions, vos préjugés et vos habitudes routinières.

Oui, pendant que je maxime et que j'écris difficilement, pour vous, des préceptes sur l'affranchissement de l'esprit et du cœur, vous faites bien mieux, ma foi ! vous les pratiquez, vous me fabriquez des exemples et des preuves à l'appui ; et vous voilà devenus tout à coup, non pas des bacheliers, c'est trop commun, mais des *émancipés*, des *hommes*, avant que j'aie eu le temps de vous expliquer ce que c'est. Vraiment, mes amis, si je n'étais pas, comme vous, *né natif* de Frotey, et si, avec saint Thomas d'Aquin, Bacon, Descartes, Locke, Buffon, Cousin, Laromiguière, Charles Bonnet et beaucoup d'autres philosophes, je ne croyais pas à l'égalité du *sens commun* ou des intelligences, vraiment je vous proclamerais les gens les plus sagaces, les esprits les plus ouverts de France et de Navarre.

Mais vous êtes surtout des gens de bonne volonté : c'est cela qui fait votre mérite ; et c'est cela aussi qui vous vaut, dès cet automne, les cinq instruments agricoles perfectionnés que je me proposais de ne vous envoyer qu'au printemps prochain. C'est votre prix à vous, votre prix de bon vouloir et d'émancipation ; et vous l'avez bien mérité.

Récapitulons, en effet, ce que nous venons de faire en

quelques mois et quasi sans ressource, mais avec une volonté énergique.

En quatre mois et demi, avec le montant des souscriptions à mes trois premières *Lettres*, et le concours généreux de quelques amis de l'humanité et du progrès, nous avons doté la commune de Frotey :

1° De la gratuité de l'enseignement ;

2° D'un cours permanent de musique vocale ;

3° D'un bon commencement de bibliothèque communale ;

4° D'un commencement de bibliothèque scolaire ;

5° D'un commencement de musée ;

6° De huit croix d'honneur d'une valeur de 100 fr. pour les écoles ;

7° D'une distribution annuelle de prix aux écoles ;

8° De l'institution morale d'une *rosière* et d'un *liséen* ;

9° De deux prix annuels pour l'instituteur et l'institutrice ;

10° D'une solennité communale artistique et littéraire qui embellira, en la moralisant, la fête annuelle du 15 août ;

11° Du matériel nécessaire pour cette solennité annuelle ;

12° D'un orgue harmonium pour l'église et les écoles ;

13° D'une pharmacie gratuite ;

14° D'un dispensaire gratuit pour les malades pauvres ou peu aisés ;

15° Des cinq principaux instruments agricoles perfectionnés ;

16° Enfin d'une rente annuelle de 300 à 500 fr.

Voilà, mes amis, ce que, en quatre mois et demi, avec trois de mes *Lettres* et presque sans le sou, mais avec une foi et une volonté qui transporteraient la *Motte* de Vesoul sur la *Pierre-qui-tourne*, nous avons pu réaliser ensemble, sans compter le bon exemple que nous avons donné au monde et qui sera suivi, n'en doutez pas.

Mais ce n'est pas tout. Nous venons surtout, chose fondamentale et merveilleuse, nous venons de constituer *officiellement* en *commune modèle* le petit village de Frotey-lez-Vesoul.

Oui, mes amis, nous avons, en rien de temps, par la foi et par la volonté, créé de rien, et mis au monde, et baptisé la première *commune modèle* de France. Le 15 août dernier, elle a fait sa première communion et reçu la confirmation sur le *Cannechevaux*, devant Dieu, devant M. le préfet de la Haute-Saône représenté par son honorable délégué M. Galmiche, devant M. le maire de Frotey revêtu de son écharpe et le conseil municipal, devant toute la population frotéenne et les invités de Vesoul et des communes voisines. Oui, en quelques mois elle a fait sa croissance, notre petite *commune modèle*. La voilà maintenant adulte et bonne à marier. Qui sait si, un de ces jours, elle ne va pas épouser un millionnaire, un prince, un ministre, un empereur, peut-être, et alors de quelles belles filles, plus belles que leur mère, je veux dire de quelles splendides *communes modèles* ne peuplerait-elle pas la France et le monde !

Donc, mes amis, nous l'avons démontré ensemble : *Qui croit et veut, peut.*

Donc si nous continuons à croire et à vouloir :

D'abord nous conserverons, en les améliorant, les 16 choses déjà organisées à Frotey;

Ensuite nous pourrons d'ici au 15 août prochain :

1° Fonder l'*Académie morale* de Frotey;

2° Fonder une banque de prêts sur l'honneur;

3° Fonder une *Fraternité*, c'est-à-dire un petit palais communal qui renferme à la fois : l'hôpital; le pavillon des convalescents; le pavillon des orphelins et de la salle d'asile; le pavillon des invalides du travail et des vieillards; le pavillon de l'hospitalité;

4° Tâcher d'obtenir une loterie pour bâtir une église. Ce sera moraliser, autant que possible, par la sainteté du but une chose peu morale en elle-même;

5° Bâtir une petite maison modèle pour une famille de manouvriers;

6° Commencer la plantation des communaux en arbres fruitiers.

Je ne parle pas des trois sortes de prix nouveaux annoncés à la page 33 de cette 4e livraison.

L'académie de Frotey sera fondée d'ici à quelques semaines. C'est le pivot de notre *commune modèle*.

Je consacre à la fondation de la banque de prêts sur l'honneur la rente annuelle de Suleyman-Khan.

Je donnerai cet hiver, à dater de décembre prochain, des *Lectures* publiques, des matinées et des soirées à la fois musicales, dramatiques, littéraires et même scientifiques au profit de la *Fraternité* de Frotey. J'ai lieu d'espérer que M. le ministre de l'instruction publique voudra récompenser notre commune de sa belle initiative, en souscrivant pour quelques milliers de francs au pavillon de la salle d'asile qui, le plan de la *Fraternité* étant donné, pourrait être construit d'abord.

M. Le préfet de la Haute-Saône m'a promis de m'aider de tout son pouvoir à obtenir une loterie pour la construction d'une église.

J'espère qu'il se trouvera parmi mes lecteurs une personne bienfaisante, qui voudra donner à la commune, qui les prêterait sur l'honneur, quelques cents francs pour bâtir une maisonnette modèle à une pauvre famille de manouvriers, entassée dans une seule petite chambre sans plancher, et dont le lourd toit de laves menace d'écraser cette famille pendant son sommeil.

Enfin, dans quelques semaines, nous planterons solennellement sur le Cannechevaux, le premier des arbres fruitiers destinés à repeupler les communaux et à faire un jour la richesse de Frotey.

Mais ces plantations, par qui pensez-vous, mes amis, qu'elles vont être faites?

Par des ouvriers de beaucoup plus d'activité et de courage qu'ils n'ont d'âge et de taille; par de petits ouvriers calomniés des grands et qui feraient dix fois autant d'ouvrage que des manœuvres, s'ils avaient des outils en rapport avec leur force; par les enfants des écoles eux-mêmes aidés des adultes et placés sous la direction morale du *liséen*.

N'avez-vous pas remarqué comme moi, mes amis, combien, dans leurs jeux, les enfants aiment à imiter les travaux des hommes, à bâtir de petites maisons, à endiguer des ruisseaux, à jardiner, à planter, etc.? Les enfants ne détruisent pas pour détruire, mais pour voir comment les choses sont faites, pour les étudier, pour les comprendre et les imiter. Les enfants sont, au contraire, des conservateurs féroces de tout ce qu'ils créent. Quand j'étais gamin, je marchais à la tête de toutes les maraudes et ne reculais devant aucun moyen. Je me rappelle qu'un jour, aux Malvignottes, je cassai en deux pour en traîner la moitié après moi dans une combe de la Roche, un jeune cerisier, parce que M. Léné, qui surgit dans les vignes à cent pas devant moi, ne m'aurait pas laissé le temps de voler ses cerises une à une. Mais j'aurais défendu jusqu'à la mort, même contre des hommes, un petit carré de fraisiers sauvages, que mes camarades et moi avions planté près de la Pierre-qui-tourne.

D'ailleurs les enfants, quand on sait les prendre, sont bien plus faciles à discipliner qu'on ne croit. On ne voit jamais à Paris un seul enfant toucher à une seule fleur dans un jardin public, bien qu'il n'y sème et n'y plante rien.

Maintenant, mes amis, si toutes les personnes riches ou aisées qui liront cette quatrième lettre et le bulletin qui la suit veulent bien, après leur lecture, se recueillir un instant devant leur conscience et devant Dieu, puis écouter leur premier mouvement, qui sera le bon, car il sera la voix de Dieu et de la conscience, les souscriptions à mes *Lettres*, les prêts et les offrandes vont pleuvoir comme une bénédiction sur la *commune modèle* de Frotey.

Ainsi soit-il! mes chers concitoyens, ainsi soit-il!

AUGUSTE GUYARD.

Paris, 16 septembre 1863.

P. S. Par une circulaire de ce jour, 16 septembre, M. le ministre de l'intérieur presse les préfets de propager les *Sociétés* de *secours mutuels* dans leurs départements respectifs. Cela, mes amis, va obliger Frotey, en sa qualité de *commune modèle*, de répondre des premières au prochain appel de M. le préfet de la Haute-Saône. Mais une petite commune comme Frotey fonderait difficilement une *Société municipale*. Il nous faudra donc proposer à Colombe et à Quincey de s'associer à nous. J'espère que nos bonnes voisines saisiront avec plaisir cette belle occasion de première communion sociale avec Frotey. Le gouvernement accorde de grands privilèges aux sociétés qu'il autorise. Je vous ferai comprendre dans une prochaine lettre les avantages immenses des *Sociétés de secours mutuels* et combien il nous sera facile, dans le plus grand intérêt des trois communes, d'en constituer une viable.

Le département du Jura est sur ce point bien plus avancé que la Haute-Saône; il compte déjà plus de 300 *Sociétés de secours mutuels* autorisées par le gouvernement.

BULLETIN

De l'Œuvre de Frotey-lez-Vesoul.

A Don Luis F. Guyard, à Mexico.

Mon cher frère et ami,

La bénédiction donnée par Mgr l'évêque de Versailles à l'œuvre civile d'education, de morale et de bienfaisance que j'ai entreprise à Frotey-lez-Vesoul, a porté ses fruits. Le 15 août dernier, notre gentil petit village a été inauguré *officiellement* en qualité de *commune modèle*, dans une solennité émouvante présidée par M. Galmiche, premier conseiller de préfecture, qui représentait M. le préfet de la Haute-Saône, retenu au chef-lieu par la fête de l'Empereur, et par Mme la baronne Tharreau, la jeune femme de M. le préfet.

M. le maire revêtu de son écharpe, le conseil municipal, la population entière de Frotey et un grand nombre d'invités de distinction, de Vesoul et des villages voisins, assistaient à cette belle fête d'inauguration.

Mais pourquoi anticiper sur les faits, quand je me suis proposé de vous raconter, dans l'ordre chronologique, la continuation du développement de mon œuvre et les adhésions qui se multiplient de tous côtés.

Je donne en premier lieu la parole aux journaux.

Voici d'abord l'extrait d'un long article de l'*Opinion nationale*, celui des grands journaux parisiens qui, après le *Siècle*, a le plus fort tirage. Dans le numéro du 12 août dernier, M. Charles Sauvestre me consacre au moins les deux tiers de l'un de ses spirituels et courageux lundis :

« Un homme excellent, un écrivain plein de cœur qui fut autrefois le collaborateur de M. de Lamartine au journal le *Bien-Public*, notre ancien confrère, donc, M. Auguste Guyard, vient d'entreprendre une belle et grande œuvre, à lui seul et comme pour nous montrer que tout courage et toute initiative n'ont pas disparu de la terre de France, comme on le prétend.

» Fils de cette province de Franche-Comté où tant de personnalités vigoureuses ont déjà reçu le jour, apôtres et philosophes, littérateurs, savants et artistes, M. A. Guyard s'est donné pour tâche d'ennoblir le village qui l'a vu naître.

» Voilà qui est assurément d'un fils pieux : déjà vous vous sentez tout gagné. On ne saurait faire un plus noble emploi de sa fortune... Quelle fortune ! La belle affaire que de faire le bien quand on est riche !... il n'y a là que demi-mérite. Mais venir en aide aux autres, à toute une commune, sans autre richesse que sa volonté et l'amour du prochain : voilà une grande chose et qui mérite d'être applaudie.

» M. Guyard a compté sur le concours des bons cœurs, des esprits généreux et intelligents, et il a imaginé, pour donner une forme à la souscription qu'il voulait ouvrir, de publier une série de conseils aux habitants de sa commune, sous le titre de : *Lettres aux gens de Frotey*. Ces lettres, qui feront plus tard un bon livre, sont publiées au profit de l'œuvre.

» Mais pourquoi ne pas citer l'auteur lui-même... » — Suivent mon appel à des adhérents et les conditions de la souscription à mes *Lettres*.

« Je dis que c'est là une grande œuvre et une courageuse entreprise : transformer la commune, porter au fond de nos campagnes les lumières, le bien-être moral et matériel dont les villes ont seules jusqu'ici le monopole ; en un mot, créer la *cité rurale!* Cette idée est nôtre aussi ; je l'ai maintes fois exposée, pour ma part, dans la *Presse* et dans *l'Opinion nationale*. C'est le programme de l'avenir. M. Guyard a entrepris d'en commencer la réalisation dans sa commune natale. Nous sommes à lui de tête et de cœur.

» Nous transcrivons donc ici les principaux passages de son appel. » — Ici encore une longue citation puis une analyse de mon programme.

«... Ne faites pas les incrédules, lecteurs amis, mais bien plutôt aidez à l'accomplissement de l'œuvre en y souscrivant. Et ne craignez point, car je vous dis qu'il faut que tout cela se réalise un jour, non pas seulement à Frotey, mais partout.

» Et si plus d'un insuccès nous attend sur la route, nous y aurons gagné, dans tous les cas, d'avoir fait acte d'homme, donné une marque de volonté et d'initiative, contribué à créer quelque chose par nous-mêmes : chose qui n'est pas déjà si commune par ce temps-ci, malheureusement. »

Ch. Sauvestre.

Voici maintenant l'extrait d'un article, très-long aussi, de l'excellente revue mensuelle le *Journal des Initiés* rédigé par M. Riche-Gardon, vénérable du *temple des familles* et savant publiciste, dont l'abnégation personnelle et le dévouement aux idées généreuses est au-dessus de tout éloge :

« Il ne s'agit point ici d'un livre, mais d'une institution universelle dont la portée est inappréciable. La publication n'y est que le moyen de répandre les idées et de les développer. Elle a pour titre : *Lettres aux gens de Frotey*.

»... Depuis trente ans, que d'essais d'association communale n'avons-nous pas tentés avec des groupes organisés par des méthodes diverses ; que d'essais de colonisation n'a-t-on pas essayés en France et dans les pays neufs, en vue de constituer la commune solidaire, harmonique ! Dans notre numéro de septembre dernier, nous avons passé en revue ces différents essais de colonisation, et nous avons recherché les causes de leur insuccès après tant de sacrifices pécuniaires. Ces causes résidaient dans le manque d'union et d'activité morale. Nous avions bien, au nom d'un grand nombre, signalé le remède, mais le moyen de réalisation était cherché par nos amis et par nous jusqu'ici, sans résultat bien efficace.

» Un seul d'entre eux, après s'être inspiré du génie moral qui le caractérise à un si haut degré et fait de lui un apôtre social des plus doctes, a trouvé une solution, dont les difficultés doivent être vaincues par la puissance de ralliement qui réside dans sa méthode autant que dans son caractère et son esprit. Il s'est dit : Faisons l'harmonie dans une commune toute constituée. Prenons celle qui nous a vu naître. Demandons au maire, à l'instituteur, à l'institutrice, au curé même, à tous les habitants, selon leur position, s'ils ne voudraient pas contribuer à une œuvre qui aurait pour but de les rendre heureux les uns par les autres et de constituer la commune type d'organisation morale. Honneur et bonheur se trouvaient dans cette proposition à un très-haut degré : elle a donc été appréciée et acceptée; elle est en activité. Déjà la bibliothèque, le musée, l'instruction, gratuite, la pharmacie et des prix d'encouragement aux bonnes mœurs, se trouvent constitués à Frotey, comme prélude des autres institutions moralisatrices. Et tout cela, par la puissance révélée dans les humbles *Lettres aux gens de Frotey*.

». . . Certes, nos amis et nous, nous avons toujours cru nous vouer à une œuvre bien utile en travaillant à établir l'ordre harmonique ou l'unité morale au foyer domestique... Mais notre œuvre reste un produit d'éléments primordiaux devant celle si large qui est dictée par le génie d'Auguste Guyard, car elle sera une des grandes joies de notre vie et de celle de nos amis. En effet, son œuvre s'applique à toutes les communes de France et du monde. Il ne faut pour cela que des esprits de bonne volonté et capables d'estimer à sa valeur une tâche si sainte et si féconde...

» . . . Pour le programme, les moyens, l'esprit de ce qui s'accomplit à Frotey, qu'on lise les trois premières lettres. C'est une œuvre sortie du génie divin de l'homme; chacun doit l'apprécier par son texte et son ensemble.

» .. Courage donc, esprits animés du désir d'ennoblir pratiquement l'existence de tous et de chacun; réjouissez-vous : des efforts féconds se multiplient et se relient. Si parfois il y a intermittence dans leur action, c'est uniquement parce que le concours suffisant fait défaut et qu'il faut suppléer à ce concours par des dévouements qui épuisent les ressources et abrégent singulièrement la vie de ceux dont le courage moral est animé d'un saint enthousiasme. Que cet enthousiasme ne succombe pas à la peine; ne dédaignons pas de l'alimenter, car il représente le feu sacré de l'esprit humain. L.-P. RICHE-GARDON.

Maintenant, mon cher Ferjeux, laissez-moi vous copier encore des extraits de ma correspondance, quelque monotone que cela rende ma lettre; l'adhésion appelle l'adhésion, e je tiens surtout à la vôtre, mais à la vôtre entière et convaincue

M. Th. Vallière, ancien sous-préfet de Roanne et de Narbonne m'écrit :

« Je vous envoie, mon cher Auguste, un mandat de 25 fr., pour une souscription à vos *Lettres aux gens de Frotey*. Inscrivez cette somme au nom de Laurence; qu'elle profite de l'occasion que vous lui offrez à son entrée dans la vie de faire un peu de bien : ce sera appeler sur sa tête les bénédictions du bon Dieu.. Je fais des vœux bien sincères pour le succès de votre œuvre, sans oser l'espérer... Ce serait trop beau! Vous aurez du moins *l'honneur de l'avoir entrepris*... Si cependant vous alliez réussir!!! Si un jour la France ne devait compter que des communes comme celle que vous avez rêvée!... » TH. VALLIÈRE.

» J'ai lu avec un vif plaisir vos *Lettres aux gens de Frotey*. J'ai été heureux d'y trouver tout ce que je pense, tout ce que j'espère exprimé en si bons termes. Vous êtes prêtre, mon cher ami, vous êtes apôtre et je suis fier d'être depuis longtemps en possession d'idées qui en passant dans votre âme ont pris l'ampleur d'une philosophie immense...

» Je veux être de votre commune modèle, et me voilà un de vos souscripteurs... »

Docteur CHEVANDIER.

» J'ai lu, Monsieur, dans l'*Opinion nationale*, que vous avez le louable dessein de consacrer vos forces et votre intelligence à la création d'une *commune modèle*... De quelque côté que vienne le bien, on doit l'applaudir et remercier celui à qui on le doit; et comment se montrer reconnaissant sinon par un concours proportionné à la mesure de ses propres ressources?

» Veuillez m'envoyer vos lettres... Je verrai alors la part d'influence que je pourrai apporter à votre futur édifice.

» Toutes mes sympathies vous sont acquises, ainsi qu'à vos projets. »

Le capitaine A. GROSJEAN.

Depuis cette lettre, M. le capitaine Grosjean a fait une propagande active pour mon œuvre et ma envoyé de nombreux noms de souscripteurs.

« Monsieur, l'*Opinion nationale* annonce que vous travaillez à fonder une *commune modèle*. C'est avec un bien vif sentiment de plaisir que j'ai vu les détails qu'elle donne.

» Avec bien d'autres choses que vous pourrez, je l'espère, réaliser, vous parlez d'un petit musée artistique pour les enfants. C'est tout un genre de peinture à créer. Il n'y a pas plus de tableaux, de gravures, de sculptures pour les enfants qu'il n'y a de livres pour eux, et vous savez s'il en manque.

» Faire cela n'est pas facile ; outre le talent, il faut avoir au fond du cœur un peu du sentiment de J.-C. : *Laissez venir à moi les petits enfants*. Il s'agit de plus encore : *il faut* les faire venir.

» Vous entreprenez une bien grande chose, Monsieur, mais avec la foi vous réussirez.

» Si, à un moment quelconque, beaucoup de dévouement, un certain talent et un peu de temps peuvent être utiles à votre entreprise, appelez-moi, Monsieur, car je suis bien cordialement votre tout dévoué. MATHIS, peintre.

» *P. S.* Dans quelques jours je passerai pour régler ma souscription. »

« Vos *Lettres aux gens de Frotey*, mon cher Guyard, pleines d'esprit et de raison, me rappellent en plus d'un endroit le style de Fénelon dont vous avez l'âme et le cœur... J'applaudis de toute mon âme à tout ce que dit Ch. Sauvestre, dans l'*Opinion nationale* du 12 août, sur votre personne et sur votre *œuvre grande et courageuse*... Depuis vingt-cinq ans que nous sommes liés, je vous ai toujours vu le même, toujours oubliant vos propres intérêts pour ne songer qu'à ceux du prochain ; toujours moralement immuable au milieu des révolutions physiques et morales. Malheureusement, de nos jours, les hommes qui vous ressemblent sont extrêmement rares...

» Votre projet contient en germe le véritable *socialisme évangélique*. Il ne se développera peut-être pas de nos jours ; mais tôt ou tard, dans un avenir qui sûrement n'est pas très-éloigné, des circonstances plus favorables à son développement peuvent se présenter. Cet espoir doit vous soutenir au milieu de tous les obstacles... Joseph MORAND.

M. Morand, mon cher Ferjeux, est le savant auteur de la

Philosophie des sciences; de plusieurs traités de mathématiques ; de l'*Essai* de *Philosophie naturelle* et de l'excellente *Introduction à l'étude des sciences physiques*, qui fait partie de la *Bibliothèque utile*, et qui a déjà eu plusieurs éditions.

« J'ai lu, Monsieur, dans l'*Opinion nationale*, un aperçu de l'œuvre que vous désirez fonder dans votre commune au moyen de vos *Lettres aux gens de Frotey*. Pour cela il vous faut naturellement des abonnés. Je serais heureuse, dans ma petite mesure, de contribuer à cette œuvre par ma souscription. Je désire que vous trouviez beaucoup de cœurs disposés à venir en aide à votre noble entreprise. Puissiez-vous, Monsieur, entendre un jour la voix divine vous dire : *Cela va bien, bon et fidèle serviteur, entre dans la joie de ton Seigneur*... Cette voix seule peut vous donner le courage, la persévérance et l'abnégation dont vous aurez si souvent besoin. »

J. Durand, née Dussumier.

« Je viens de voir dans l'*Opinion nationale*, mon cher monsieur Guyard, vos projets sur la commune de Frotey-lez-Vesoul, et sur les progrès moraux et matériels dont vous voulez donner l'exemple.

» Vous avez été le premier maître de mon fils. Il avait sept ans quand vous lui avez appris ce précepte : *qui veut peut*, dont il a si bien profité, car malgré une sorte d'aversion pour les sciences il est entré le 20e à l'école Polytechnique, et il est aujourd'hui capitaine du génie. Mon fils sera donc heureux d'être un de vos premiers souscripteurs... »

Poulain, conducteur des ponts et chaussées, en retraite.

« Mon cher maître et ami, je n'ai pas perdu le souvenir de vos bonnes leçons et de vos excellents préceptes, malgré les 27 ans qui nous séparent de notre dernière entrevue. J'aime à retrouver dans vos *Lettres aux gens de Frotey*, toutes les excellentes qualités de votre cœur. Je m'associe avec empressement à votre œuvre, et vous offre tout le concours de mes petits moyens, comme Vésulien, comme votre élève et votre ami. C'est dans ce but que je vous envoie ma brochure sur la *Reproduction du coton dans nos colonies*.

» Dans cette brochure, j'ai tenté d'affranchir l'*industrie* cotonnière du monopole américain. Mes fonctions en Corse, en Algérie, au Sénégal, un voyage en Gambie, ma connaissance des affaires du Gabon m'ont porté à faire cette étude pleine d'actualité, mais que j'étais loin de supposer aussi complexe, et j'ai dû arriver, en fin de compte, à conclure ainsi :

» Religion, humanité, civilisation, marine, défense coloniale, intérêt commercial et industriel, tout se lie. »

Courage, cher maître et ami, et à vous de tout cœur,

H. Poulain, capitaine du génie.

La haute société industrielle de Mulhouse a donné au mémoire du capitaine Poulain l'approbation la plus élogieuse, et en a ordonné l'insertion dans son *Bulletin*.

Mon cher monsieur Guyard,

« En remuant un gros tas de livres et de brochures amoncelées sur ma table, je viens d'apercevoir votre 3e *Lettre aux gens de Frotey*. — Je n'ai pas vu les deux premières. — J'ai donc lu bien vite cette 3e lettre et je vous envoie toutes mes félicitations ainsi que l'assurance de mon fraternel concours. Je ne veux pas que vous me donniez ces lettres, je veux les payer.

» ... Je vois dans la lettre d'Emile Deschamps, que le *Siècle* a déjà parlé de vos lettres, tant mieux... N'oubliez pas que je suis tout à votre disposition. » Louis JOURDAN.

Une personne qui désire garder l'anonyme et qui m'envoie d'excellents conseils m'écrit :

« Je serais heureux de pouvoir causer un peu avec vous, Monsieur, si vous voulez bien me faire savoir quand vous pensez aller à Frotey. »

«... Je crois que pour activer la réussite de votre œuvre, il faudrait pouvoir grouper dans la commune un certain nombre de familles indépendantes et bien résolues à vous seconder.»

La chose est déjà faite à Frotey, où toute la population, moins trois ou quatre personnes qui ne me sont pas personnellement hostiles, est avec moi. Dans notre dernière entrevue, le conseil municipal m'a dit en me donnant carte blanche pour planter les communaux en arbres fruitiers :

« Monsieur Guyard, marchez en avant et comptez sur nous, nous vous suivrons tous. »

Et puis l'académie de Frotey qui se fonde en ce moment va aussi fortifier mon œuvre d'un groupe extérieur de familles indépendantes et dévouées. Ainsi se trouvera dépassé le vœu de mon honorable correspondant.

Quand j'aurai son adresse, qu'il a oublié de me donner, j'aurai bien vite dissipé les craintes exprimées dans sa longue lettre.

Un autre correspondant plein d'enthousiasme, mais qui désire aussi n'être pas nommé, m'écrit de la Haute-Saône :

«... Hier encore, mon cher Monsieur, je répondais à un de vos parents qui doute, malgré l'évidence contraire, du succès de votre noble entreprise : « Je vous dis, moi, que M. Guyard réussira et à mes yeux il a déjà réussi. — Oui, il réussira, d'abord parce qu'il a cette foi courageuse à laquelle rien ne résiste, ensuite parce qu'il veut une chose possible, désirée de tous et facile à réaliser; enfin, parce qu'il ne demande à ses adhérents qu'un léger sacrifice et pour sa *Commune modèle*, qu'un capital insignifiant dans ce *siècle* de millions et de milliards.

» Si les œuvres de la *Propagation de la foi*, des *Écoles d'Orient*, de *Saint-Vincent-de-Paul*, du *Denier de Saint-Pierre*, des *Petites sœurs des pauvres*, recueillent chaque année des sommes fabuleuses en spéculant sur les tiédeurs d'une foi mourante, si, à elles seules, les *Petites sœurs des pauvres*, parties de zéro, ont pu amasser 25 millions en quelques années, pourquoi l'œuvre de Frotey, bien autrement importante que toutes ces œuvres réunies, ne trouverait-elle pas les quelques centaines de mille francs dont elle a besoin? Comment, lorsque les millions courent aux œuvres qui ont pour but avoué d'éterniser ici-bas la misère, la mendicité et l'aumône injurieuse et dégradante, un million sympathique ne viendrait pas à l'œuvre généreuse qui veut détruire ces hideuses plaies sociales dans la *commune modèle*, d'abord, puis, par imitation, dans la France, dans l'Europe, dans le monde entier! Je vous dis, moi, que l'œuvre de Frotey aura son million et plus vite que vous ne le pensez. » L. DE R.

Un républicain que je ne veux pas nommer, m'a écrit de son côté :

« Je ne vous croyais pas si impérialiste. »

Je lui ai répondu : « Les formes politiques sont aujourd'hui à peu près sans valeur à mes yeux. J'ai voué ma vie, avant tout, à la divine cause du progrès et je crie : Vive tout ce qui, selon moi, fait avancer l'humanité. Quand c'est l'Empire, je crie : vive l'Empereur! »

« Cher Monsieur et ami, j'ai lu et je veux relire encore vos lettres. Je m'empresse de vous dire que j'admire votre foi et espère votre réussite. Je vous complète ma modeste offrande (une souscription à dix exemplaires de mes lettres, 100 fr.) et vous prie de me compter au nombre de ceux qui vous suivront toujours et des yeux et du cœur. »

ERNOULT-JOTTRAL fils, banquier.

M. Ernoult-Jottral m'a aussi envoyé, depuis cette lettre, des noms de souscripteurs probables et son adhésion de plus en plus vive.

«... Quelle belle et colossale idée, cher Monsieur, que votre *commune modèle*, et quelle taille il a fallu à votre cœur pour la concevoir, la féconder et la produire!

» Cette taille, la foi vous l'a donnée. Jésus disait à ses disciples : « Si vous aviez la foi vous transporteriez les montagnes. » Et je crois aux paroles de Jésus.

» La volonté, dites-vous, cher Monsieur, est une force, et l'on voit bien à vos citations que vous croyez que la puissance de cette force est en raison directe de la grandeur de la foi.

» C'est ce qui explique votre succès. Je sympathise de tout mon cœur à votre œuvre, et, pour vous le prouver, je ne puis mieux faire que de souscrire à vos *Lettres aux gens de Frotey*. »

TROUILLET, capitaine au 33e de ligne.

Une sainte personne, que j'avais invitée, ainsi que sa famille, à la solennité du 15 août, une aimable dévote à la Saint-François de Sales, une âme fénélonienne, Mlle Baulard de Feux, m'écrit du château de Frotey :

«... Si j'ai réussi à faire quelque bien à Frotey depuis plus de trente ans que je l'habite, il n'en est résulté que quelques améliorations individuelles à peine aperçues, et dont il faut que je rende grâce à Dieu seul.

» Votre œuvre, Monsieur, tend à des résultats bien autrement importants, puisqu'à l'époque où nous vivons, où tous les progrès matériels ont une si large part, vous vous attachez à y ajouter, pour le village qui vous a vu naître, le développement de toutes les quintessences de l'esprit et du cœur.

» Accueillez mes vœux pour le succès de votre œuvre commencée, sous les auspices et l'approbation de noms célèbres ou remarquablement distingués, et mes remercîments, ainsi que ceux de mes parents, pour votre bienveillante attention. »

E. Armande BAULARD DE FEUX.

M. le baron Tharreau, préfet de la Haute-Saône, M. le procureur impérial et M. le président du tribunal de Vesoul, que j'avais aussi invités à la cérémonie du couronnement de la *rosière* et du *liséen* de Frotey, se sont excusés sur la fête de l'Empereur en termes d'une exquise et sincère bienveillance qui vaut une véritable acceptation.

M. le préfet me dit :

« Je vous remercie, Monsieur, de l'hommage que vous avez bien voulu me faire de vos *Lettres aux gens de Frotey*.

» Je les ai lues avec le plus vif intérêt et je vous félicite des généreuses idées qu'elles renferment.

» J'aurais été heureux de contribuer à l'œuvre philanthropique que vous avez entreprise, en assistant au couronnement de la *rosière* et du *liséen* de Frotey le 15 août. Mais la célébration de la fête de l'Empereur réclame impérieusement ma présence ce jour-là au chef-lieu de département, et je ne puis que vous exprimer tous mes regrets de ne pouvoir répondre à votre aimable invitation.

» Je me suis empressé de communiquer votre lettre à M. le conseiller Galmiche, afin qu'il puisse se rendre à Frotey, ainsi que vous en exprimez le désir.

» Agréez, Monsieur, l'assurance de ma considération très-distinguée, le préfet de la Haute-Saône. » Baron THARREAU.

M. le président du tribunal me dit aussi :

«... Je vous remercie, d'avoir compris le président du tribunal parmi les personnes conviées à cette fête intéressante et de l'envoi de votre troisième lettre aux habitants d'un village auxquels vous portez une si vive affection.

» Ce sera pour moi un véritable plaisir de franchir la courte distance qui sépare Vesoul et Frotey, si l'heure et la circonstance me le permettent.

» Recevez, Monsieur, l'expression de mes sentiments les plus distingués. » GRENON, président.

Comme vous le voyez, mon cher frère et ami, l'affluence à mon œuvre des adhésions motivées continue; je me fatiguerais et vous ennuierais à les copier toutes. Les adhésions sous forme de souscription marchent aussi, quoique lentement. Celles-ci étaient surtout une affaire de confiance; et la confiance publique en moi et en mon œuvre ne pouvait venir qu'à la suite de témoignages publics d'estime et de premiers succès dûment constatés.

Cette quatrième lettre qui montre Frotey constitué *officiellement* en *commune modèle,* pouvait donc seule donner à la souscription à mes *Lettres* une impulsion proportionnelle aux sympathies qu'elle excite.

Cependant les souscriptions n'ont pas discontinué. Outre les noms que vous venez de lire, je compte parmi mes nouveaux souscripteurs :

MM. Galmiche, conseiller de préfecture à Vesoul.

Le baron Bouvier, membre du conseil général de la Haute-Saône.

Longchamp, avocat à Vesoul.

Bailly, inspecteur d'académie à Vesoul.

Mascret, percepteur à Vesoul.

Thouverey, maire de Quincey (Haute-Saône).

Bourgon, ancien président du tribunal à Besançon.

Petit-Cuenot, propriétaire à Besançon.

Puis, à Paris, MM. :

Le comte de Villiers, ancien préfet.

Le docteur Cretin, qui veut bien être aussi l'un des médecins consultants de Frotey.

De Monsanto, propriétaire.

Gallien, propriétaire.

Sandou-Udayar, de l'Inde française.

Lechevalier, éditeur.

Mirza Réza, fils du consul général de Perse à Erzeroum.

Mme la générale Skobelew, femme du général commandant l'escorte d'honneur de l'empereur de Russie.

Alfred Audiffret, homme de lettres.

Dessirier, professeur de musique vocale.

Salaville aîné, négociant.

Chaumont, négociant.

A. Chameroy, négociant.

Duffet, chef d'institution.

M. Victor Picard et Mlle Picard.

Samson, maître d'hôtel.

Vincent, négociant.

Pelletier, fabricant d'instruments agricoles perfectionnés

Voyer, facteur de pianos.

A l'étranger :

Mme Thompson, propriétaire à Cardiff (Angleterre).

Mirza Hussein, consul général de Perse à Erzeroum.

Maintenant, mon excellent Ferjeux, et avant d'arriver enfin à la solennité du 15 août, laissez-moi appeler tout particulièrement votre attention sur les deux pièces suivantes qui de fait posent *officiellement* Frotey *en commune modèle*.

La première, est une délibération du conseil municipal de Frotey, à la date du 9 août 1863.

La seconde, une lettre de M. le préfet de la Haute-Saône à M. le maire de Frotey, à la date du 11 août.

EXTRAIT DU REGISTRE DES DÉLIBÉRATIONS DU CONSEIL MUNICIPAL DE LA COMMUNE DE FROTEY-LEZ-VESOUL.

Session d'août 1863. — Séance du 9.

M. le maire fait l'exposé suivant :

« Vous connaissez Messieurs, l'œuvre entreprise en faveur de la commun e de Frotey-lez-Vesoul, par M. Auguste Guyard, œuvre si philanthropique, dont le but est d'élever Frotey au rang de *commune modèle*. Déjà l'instruction est distribuée gratuitement aux enfants des deux sexes ; une bibliothèque est organisée par ses soins. Cent huit ouvrages vont être encore distribués comme prix ou encouragements aux enfants, etc. De plus, à la distribution solennelle des prix qui aura lieu le 15 août, distribution à laquelle assistera M. Guyard, il sera décerné comme récompense au jeune homme et à la jeune fille les plus méritants de la commune, désignés par le suffrage universel, deux livrets sur la caisse d'épargne de chacun 50 francs.

» Il s'agit aujourd'hui d'organiser la distribution du 15 août. Une estrade, des drapeaux, etc., sont nécessaires pour lui donner l'éclat qu'elle mérite. Je vous propose Messieurs de voter à cet effet une somme de 150 francs, dont l'emploi aurait lieu en régie. Les dépenses seront payées sur mémoires de fournisseurs et d'ouvriers. Les planches, lambris, etc., que la commune serait obligée d'employer, elle en fera l'acquisition définitive pour édifier à la suite quelque chose de permanent, la cérémonie devant se renouveler indéfiniment. »

Le conseil municipal, après avoir entendu l'exposé ci-dessus, vote à l'unanimité des membres présents le crédit demandé, qui sera employé suivant le mode proposé par M. le maire.

Ont signé : MM. Colombier, Drouhin, Duval, Contet, Lordière, Nagcottes, Gousserey, Guiard, Joignot et Vernerey, maire.

Ensuite on lit : Vu et approuvé :

La dépense sera rattachée au budget additionnel de 1863.

Pour le préfet,

Le conseiller de préfecture délégué, signé : MÉCHET.

Pour copie conforme, le maire VERNEREY.

Vesoul, 11 août 1863.

CABINET DU PRÉFET DE LA HAUTE-SAÔNE.

Monsieur le maire,

« Je vous remercie de l'honneur que vous avez bien voulu me faire en m'offrant la présidence de la cérémonie qui doit avoir lieu à Frotey, le 15 août prochain, pour le couronnement d'une *rosière* et d'un *liséen*.

» J'aurais été heureux d'assister à cette solennité ; mais la célébration de la fête de l'Empereur réclame impérieusement ma présence au chef-lieu du département et je ne puis que vous exprimer tous mes regrets de ne pouvoir répondre à votre aimable invitation.

» M. le conseiller Galmiche que j'ai prié de me remplacer, suivant le désir de M. Guyard, ira présider la cérémonie, et madame la baronne Tharreau l'accompagnera.

» Si vous n'y voyez aucun inconvénient, la cérémonie aura lieu à quatre heures, et à moins de contre-ordre de votre part, M. Galmiche s'y rendra pour ce moment.

» Recevez, monsieur le maire, l'assurance de ma considération distinguée.

« Le préfet de la Haute-Saône, BARON THARREAU. »

Le jeudi 13 août, vers dix heures du soir, M. Dessirier, ma fille Hannah et moi, munis d'un parcours et de deux demi-parcours gratuits, de première classe, dus à la munificence du chemin de fer de l'Est, qui avait bien voulu s'associer de cette façon généreuse à l'œuvre de Frotey, nous montions en wagon et arrivions le lendemain matin, vers onze heures, à la gare de Vesoul. Notre frère Stanislas nous y attendait avec une voiture pour nous conduire de suite à Frotey.

Après déjeuner, nous allâmes, quoique brisés de fatigue, sur le *Cannecheraux* visiter les préparatifs de la cérémonie, et assister à la répétition en plein air des petites comédies que les enfants des écoles devaient jouer le lendemain. Cette répétition, parfaitement réussie, malgré le vendredi, ne me laissa aucun doute sur le succès du samedi, jour de la fête.

Un dîner pur de toute sophistication parisienne, un dîner vrai, composé d'une soupe à la crème épaisse, d'un pain œillé, savoureux, d'une omelette aux œufs frais et aux fines herbes, de choux au lard fumé, de fromagère dorée, de gâteaux de *flainure*, de brioche de la fête, de caillé doux recouvert de sa crème plus douce, de raisins précoces et de reines claudes grosses comme des pêches, le tout arrosé de vin clairet du cru, de liqueurs de ménage et de moka sans chicorée, un excellent dîner enfin, suivi d'un sommeil de douze heures dans un bon lit, nous défatigua du voyage et nous fit dispos pour la cérémonie.

En m'éveillant le 15, vers neuf heures, je réfléchis au petit discours d'ouverture que je devais prononcer après vêpres ; et vers midi, quand j'eus pris une tasse de café à cette crème sextuple inconnue à Paris, et qui ferait en un an la fortune d'un honnête spéculateur, je me mis à écrire ce discours, car vous savez, mon cher Ferjeux, que je ne suis point orateur.

A cinq heures moins le quart, par la plus divine lumière qui ait jamais éclairé une cérémonie publique, nous gravissions, ma fille et moi, le *Cannecheraux*, où une foule recueillie se pressait déjà sur la pelouse, autour de deux vastes estrades qui portaient, l'une plus basse, les enfants des écoles ; l'autre plus élevée, nos nombreux invités. La foule nous ouvrit un passage vers l'estrade du fond adossée au mur d'un jardin anglais et ombragée par de grands arbres. Hannah s'assit près des dames, et moi, debout devant une table chargée de livres, de croix et de couronnes, je prononçai lentement, pour maîtriser mon émoi, ce discours ponctué de silences sympathiques, de murmures approbateurs et de bravos émus :

« Mesdames, Messieurs,

« Aujourd'hui 15 août, fête de l'Assomption de l'humanité symbolisée dans une femme pleine de grâce, mère et vierge à la fois ; aujourd'hui fête de Marie, mère du Christ, fête de la France, fête de l'Empereur et fête de Frotey, nous inaugurons ensemble, à l'ombre du drapeau national, devant le buste du grand souverain qui marche à la tête de la civilisation ; devant cette majestueuse nature et ce ciel pur, bleu sourire de Dieu, nous inaugurons une œuvre sociale d'une importance incalculable : je le dis sans modestie comme sans orgueil, car je ne suis ici que l'indigne instrument de la Providence qui, par la cité rurale modèle dont elle m'a donné l'idée, veut compléter la cité spirituelle et morale, la cité de Dieu, fondée, il y a 2000 ans, par le sublime fils du charpentier de Nazareth.

« Nous commençons aussi d'une manière obscure et pauvre. Nous n'avons ni musique de Rossini dans les oreilles, ni tapis d'Aubusson sous les pieds ; mais nous avons le bonheur de débuter sous le patronage éclairé d'une autorité bienveillante, représentée à cette solennité municipale, *officiellement*, par l'excellent M. Galmiche, premier conseiller de préfecture ; *officieusement*, par une gracieuse jeune femme, Mme la baronne Tharreau, nièce de M. Billault, laquelle daignera, j'en suis sûr, continuer à nos écoles la sollicitude maternelle de Mme Isoard ;

nous avons le bonheur de débuter au milieu des sympathies unanimes de Frotey, de Vesoul et des communes voisines ; aux applaudissements de la grande presse parisienne et des journaux francomtois ; nous avons même l'avantage de n'avoir besoin ni de musique, ni de décors, devant ce splendide éther, devant ces heureux petits enfants amis du Christ, devant ces roses jeunes femmes, devant toutes ces divines choses de la nature qui font si facilement oublier celles de l'art.

» Le nom de *commune modèle* donné dès à présent à Frotey serait une plaisanterie et une dérision. Aussi, n'est-ce point au Frotey d'aujourd'hui que ce nom s'applique, mais au Frotey de demain. Si Dieu me prête encore dix ans de vie, je le jure devant lui et devant vous, Messieurs, je le jure sur mon honneur, sur l'honneur de ma famille et de mon village, qui est ma grande famille, dans dix ans j'aurai réalisé en totalité, et au delà, le programme qui est en tête de ma 3e lettre. Que dis-je? cinq ans, au plus, me suffisent pour transfigurer ma commune natale en une cité rurale type que les 40,000 communes de France voudront imiter, si le gouvernement veut bien m'accorder la loterie que je vais lui demander.

» Malgré l'apparence, Messieurs, je n'exagère pas ; j'ai porté, mûri, toute ma vie, l'idée que je suis tourmenté de réaliser avant de mourir et que réalisera, je le sens, quels que soient les obstacles, ma foi ardente, invincible. Quelques-uns diront : cet homme est fou ; d'autres le penseront sans le dire. Cette qualification, loin de me blesser, m'honore, puisqu'elle me met à la suite des bienfaiteurs et des saints de l'humanité qui tous ont été toqués de la sublime *tocade* du dévouement, fous de la sainte folie de la croix.

» Quand nous étions enfants, plusieurs d'entre vous se le rappelleront sans doute, nous venions souvent sur ce *Canne-chevaux*, et de préférence, à cette même place où nous sommes, nous battre l'hiver à coups de boules de neige. Bientôt fatigué de cette lutte, je préférais, moi, faire rouler ma boule sur le tapis de flocons étoilés qui couvrait ce plateau. En peu de temps elle grossissait tellement dans sa marche qu'il me fallait, chers camarades, vous appeler pour m'aider à l'ébranler.

» Ce petit globe d'eau congelé qui croit en marchant, *crescit eundo*, c'est l'image de Frotey. Merci Mssieurs, du coup de main solennel et décisif que vous êtes venus donner à ma boule de neige sociale, dans ce même lieu où, il y a 40 ans, je m'amusais à en pousser d'autres plus faciles ; merci, car ce noyau de cité rurale qui commençait à résister à ma faiblesse deviendra bientôt, sous notre impulsion commune, une grande sphère lumineuse dans la nuit des préjugés et de la routine. A vous, merci! mais honneur et bonheur aussi ! car les fastes et l'histoire de Frotey diront un jour à la postérité les noms de toutes les personnes notables qui n'ont pas dédaigné d'assister, aujourd'hui 15 août 1863, à l'inauguration modeste, mais *officielle* de fait, de la première *commune modèle*.

» Mes trois premières *Lettres aux gens de Frotey* diront à ceux qui l'ignorent, le peu que nous avons déjà pu faire avec de très-faibles ressources. Nous allons aujourd'hui procéder à la première distribution de prix et de croix qui ait jamais été faite à nos écoles. Mais, d'abord, les enfants joueront de petites comédies pour lesquels je vous demande toute votre indulgence, car ils sont tout à fait novices en de tels exercices.

» Ensuite nous couronnerons, pour la première fois aussi, une *rosière* et un *lisécn*. C'est-à-dire, qu'à la jeune fille et au jeune homme de 16 à 25 ans qui auront édifié la commune par leur bonne conduite, nous donnerons deux prix de cinquante francs chacun, deux couronnes et deux diplômes. Dieu seul sait si nous récompenserons les plus dignes, car les hommes ne jugent que sur l'apparence. Mais si l'opinion publique trouvait des concurrents à nos lauréats de cette année, certes, personne ne saurait avec justice protester contre un choix indigne : c'est là l'essentiel.

» Jeunes enfants et jeunes gens qui serez couronnés tout à

l'heure, apprenez et n'oubliez pas que c'est la vertu qui décore les hommes, et que les hommes sont impuissants à décorer la vertu qu'ils ont cependant le devoir d'honorer et de proclamer. Sachez aussi, *rosière* et *liséen* de Frotey, quel contrat solennel vous attache, pour la vie, à l'honneur des bonnes mœurs. *Rosière et liséen* sont des titres de noblesse morale qui vous obligent autant, au moins, sinon plus que des blasons, à vous montrer dignes sans cesse de la haute distinction dont vous allez être les objets. Forfaire à l'honneur des mœurs, ce serait vous dégrader de vos propres mains, non-seulement aux yeux de votre petite commune, mais encore aux yeux de votre province, de la France et du monde auxquels demain les journaux vont apprendre vos noms ; ce serait fouler aux pieds vos blanches couronnes, sinon devant les hommes qu'on peut facilement tromper, du moins devant Dieu et devant le monde invisible des saints dont font partie d'avance toutes les âmes pures qui vous ressemblent.

» Messieurs en attendant que les ressources de l'œuvre de Frotey nous permettent de récompenser le dévouement et le zèle éclairé de tous les fonctionnaires de la commune, nous donnerons aujourd'hui, à titre de récompense, deux faibles indemnités de 50 fr. chacune, à M. Bonnamy et à Mlle Bénétulie, instituteur et institutrice laïques de Frotey. Je serais heureux d'attirer sur eux, par ce moyen, l'attention plus largement rémunératrice de M. le préfet de la Haute-Saône et de M. le ministre de l'instruction publique. Nous aurons deux prix semblables tous les ans.

» Aux prix décernés cette année nous ajouterons l'an prochain : 1° un prix pour la mère de famille qui aura donné le plus de soins à l'éducation de ses enfants pendant l'année courante ; 2° des prix de propreté pour ceux qui auront fait disparaître les fumiers de devant les maisons ; 3° des prix pour les enfants qui auront le plus respecté la vie et les nids des petits oiseaux, si utiles à l'agriculture.

» M. Vernerey, le maire en qui j'ai trouvé un coopérateur si actif et dévoué, a distribué ce matin à nos concitoyens nécessiteux leur part des secours que le gouvernement accorde aux indigents le jour de la fête de l'Empereur. Cette distribution m'a donné l'idée de faire tout à l'heure une quête au profit d'une pauvre petite orpheline de la commune et pour la création à Frotey de deux gardes-malades qu'on enverra faire leur éducation spéciale à l'hôpital de Vesoul.

» Je finis Messieurs. Mais laissez-moi, en terminant, remercier du fond du cœur toutes les personnes étrangères à la commune, et en particulier les dames qui sont venues honorer, embellir de leur présence cette humble solennité rurale, malgré l'attrait de la grande procession religieuse qui se fait en ce moment même à la ville voisine. D'ici, nous pouvons la voir serpenter en montant dans les vignes, vers la chapelle qui ceint, comme un diadème, le front de la Motte de Vesoul. Mais de là-bas aussi, on peut voir flotter nos oriflammes au haut de ces sapins, vivants parasols qui nous versent leurs ombres rafraichissantes contre un soleil torride, sans dérober les sourires du ciel à l'inauguration de notre œuvre purement civile, il est vrai, mais civile d'une façon profondément morale et largement religieuse. Laissez-moi remercier les habitants de Frotey si fraternels envers moi et si sympathiques à mon œuvre, et particulièrement M. le maire et son conseil qui ont voté une somme de 150 fr. pour l'organisation de cette fête, sans oublier les jeunes gens et les enfants qui ont travaillé à ses préparatifs.

» Je veux remercier aussi publiquement mon ami M. Dessirier, qui a quitté ses occupations à Paris pour venir gratuitement initier les enfants et les maîtres d'un petit village à son admirable méthode de musique vocale. Je veux remercier M. Dornier, inspecteur des écoles primaires plein de dévouement pour notre œuvre ; M. Labrunerie, directeur de l'École normale ; M. Laherard, payeur du département ; M. David, chef du cabinet de M. le préfet, de leur présence sur cette estrade. Je n'oublierai point ce généreux enfant de la Perse, Suleyman Khan, qui a voulu doter la commune d'une rente annuelle ; je n'oublierai non plus aucun de mes généreux souscripteurs, ni aucune des personnes qui veulent bien coopérer d'une manière quelconque à notre œuvre.

» Je veux aussi remercier de tout mon cœur M. le préfet d'avoir daigné se faire représenter si bienveillamment et si gracieusement à la fois à cette inauguration solennelle de l'œuvre de Frotey.

» Je veux enfin et surtout remercier le chef d'État qui donne à la Haute-Saône des administrateurs tels que M. Isoard et M. le baron Tharreau ; à l'Instruction publique, des ministres comme M. Rouland et comme M. Duruy; le chef d'Etat qui le premier a su concilier en France deux choses qui y semblaient inconciliables: *l'autorité* et *la liberté*; le chef d'État qui demande qu'on fasse de nos enfants *des hommes* et pas *seulement des bacheliers*.

» Saluons Messieurs, cette grande parole, la plus démocratique, certes, qui soit jamais sortie de la bouche d'un souverain; cette parole qui me fait croire avec M. Duruy : » que celui qui tient dans ses mains puissantes les destinées de notre pays est un grand cœur, une noble intelligence ; et que l'Empereur est l'homme le plus libéral de l'Empire. »

» Saluons, dis-je, cette parole si démocratique et si grande par les cris répétés de vive l'Empereur, vive Napoléon III ! »

Après ce discours, Mlle Claire Conscience, âgée de 23 ans, fille de M. Conscience, jardinier à Frotey, a été proclamée *rosière*; et M. Joseph Colombier, âgé de 20 ans, fils de M. Colombier, conducteur des ponts et chaussées, a été proclamé *liséen*.

Ensuite l'instituteur, M. Bonnamy, a lu, sur les avantages

du travail intellectuel, un discours remarquable et qui a été fort applaudi.

Puis sont venues les comédies, où petites filles et petits garçons ont rivalisé de mémoire, d'entrain et de gentillesse devant leurs parents, ébahis de tant d'esprit qu'ils n'avaient pas jusque-là soupçonné dans leurs enfants. Notre excellent père était aux anges; il n'a pas perdu un seul mot des deux petits drames.

Ces enfants m'ont adressé aussi des compliments fort bien tournés, celui des petites filles, surtout, qui m'a fait venir les larmes aux yeux.

Aux comédies a succédé la distribution des prix consistant en huit croix d'argent dont deux magnifiques croix persanes données par Suleyman Khan, et 24 ouvrages bien choisis.

Les deux prix de persévérance, — les croix persanes et deux *Robinsons Suisses* en plusieurs volumes — ont été obtenus par Marguerite Drouhin, âgée de 14 ans, et Ignace Gautier, à peu près du même âge.

Enfin la cérémonie s'est terminée par deux prix de 30 francs chacun, décernés à l'instituteur, M. Bonnamy, et à l'institutrice, Mlle Bénétulie. Ces prix leur ont été remis par Mad. la baronne Tharreau.

Les nombreux assistants, tenus constamment sous le charme de cette intéressante solennité, se sont séparés, encore tout émus, en se donnant rendez-vous à la même place pour l'année suivante.

Deux jours après cette distribution publique, j'ai donné à tous les enfants des écoles qui n'avaient pas eu de prix, une centaine de volumes en simple souvenir de fête, et pour leur rappeler, surtout, que, n'ayant pas mérité de couronnes cette année, chacun d'eux devait s'efforcer d'en mériter l'année prochaine.

Voici en quels termes bien flatteurs le *Journal de la Haute-Saône*, dans son numéro du 22 août, rend compte de la solennité du 15 à Frotey :

« Une cérémonie fort intéressante a eu lieu samedi 15 août, à Frotey : nous voulons parler d'une distribution de prix aux élèves des deux écoles primaires de ce village ; nous voulons parler aussi du couronnement d'une *rosière* et d'un *liséen*. Tout cela, c'est un acheminement à l'inauguration solennelle de la *commune modèle* de Frotey ; c'est le premier développement de cette généreuse entreprise au service de laquelle M. Auguste Guyard met les inspirations de son cœur, le travail de son intelligence, la féconde activité de son zèle.

» La fête a été célébrée en plein air, sur cette partie de la roche de Frotey appelée le *Cannecheraux*. L'instituteur et l'institutrice, avec les élèves des écoles, avaient fait les préparatifs de la solennité ou de l'inauguration, aux frais de laquelle la commune a voulu consacrer une somme de 150 fr. Aux angles d'une vaste estrade dressée sur la colline, s'élevaient des mâts ornés de drapeaux et de vertes guirlandes. Devant l'estrade, au-dessus du chiffre A. G. encadré de feuillage, et aux deux côtés du théâtre, se détachaient les chiffres de l'Empereur et de l'Impératrice ; au fond de l'estrade, on voyait le buste de l'Empereur.

» La solennité a eu pour témoins toute la population de Frotey, celle des villages voisins et un grand nombre d'habitants de Vesoul.

« Le préfet de la Haute-Saône, M. le baron Tharreau, retenu à Vesoul par ses fonctions officielles, avait délégué M. Galmiche, conseiller de préfecture, pour présider la cérémonie que Mme la baronne Tharreau a bien voulu honorer de sa présence.

» A quatre heures, M. Galmiche, Mme la baronne Tharreau, M. le maire de Frotey, les membres du conseil municipal, et plusieurs dames de Vesoul, ont pris place sur l'estrade.

» M. Auguste Guyard a ouvert la séance par un discours plein de ces bonnes pensées que vivifient un sentiment énergique, et qui éveillent un écho dans tous les cœurs. Le temps, ainsi que l'espace, nous manque pour donner une analyse complète de cette touchante allocution dans laquelle s'est révélée une conviction profonde, une volonté forte pour l'accomplissement du bien. . . . .

« Le discours dans lequel M. Guyard a exposé ses vues sur la transformation de Frotey en commune modèle a été accueilli par d'unanimes applaudissements et par les cris répétés de *Vive Napoléon III!*

« L'instituteur, M. Bonnamy, a ensuite prononcé une allocution. Après avoir dit du travail ce qu'il faut en dire pour en faire apprécier la valeur, il a rendu un juste hommage au dévouement du fondateur de l'Œuvre de Frotey.

« Avant la proclamation des prix, il y a eu des exercices dans lesquels les jeunes élèves ont montré beaucoup d'intelligence ; ils ont joué avec un remarquable entrain deux petites comédies.

« Vingt-quatre prix et huit croix ont été distribués aux élèves des deux écoles. C'est peu comparativement à ce qui se fait ailleurs ; mais c'est assez : ainsi en jugeront les appréciateurs qui comprennent ce qu'il y a d'abusif dans la multiplicité des récompenses. Deux croix persanes avaient été offertes par Suleyman Khan, fils de Mirza Saïd Khan, ministre des affaires étrangères de Perse.

« Cette distribution de prix est la première qui ait eu lieu à Frotey.

« Le couronnement de la *rosière* et du *liséen* a terminé la cérémonie. Le nom de la *rosière*, Mlle Claire Conscience, et celui du *liséen*, M. Joseph Colombier, ont été proclamés au milieu d'une population vivement émue de tout ce qu'elle avait vu, comme de ce qu'elle avait entendu. Cette solennité laissera à Frotey et ailleurs d'excellents et durables souvenirs.

» Il n'y avait point de musique à la cérémonie de samedi; mais il y en aura à celle de l'année prochaine, grâce à la bonne volonté de M. Dessirier, qui est venu de Paris pour enseigner aux enfants d'un petit village son admirable méthode.

» A Vesoul, on profite aussi de la présence de M. Dessirier. Il a ouvert dans la grande salle de l'hôtel de ville un cours que suivent plus de 150 élèves, réunis en moins d'un jour par l'inspecteur des écoles, M. Dornier. Les élèves de l'Ecole normale reçoivent aussi l'enseignement de M. Dessirier.

» On peut juger de la nouvelle méthode par le résultat que voici : avant la première leçon donnée par M. Dessirier, un seul élève sur deux cents pouvait écrire sous la dictée ; à la seconde leçon, tous dictaient l'air *Fleuve du Tage*. Après six leçons, les enfants de Frotey exécutent, sans détonner, un chœur à trois parties. »

Le même journal, dans son numéro du 2 septembre, raconte dans un article spécial non moins flatteur les résultats obtenus à Frotey par la méthode de M. Dessirier. Le rédacteur en chef, M. Filingre, parle *de visu* et *auditu*, car il avait voulu assister aux expériences publiques de M. Dessirier. Voici cet article :

« On sait que M. Dessirier a bien voulu donner gratuitement des leçons de musique aux élèves des écoles de Frotey. Il a terminé son cours de la manière la plus satisfaisante. Maintenant l'instituteur et l'institutrice, initiés à la méthode de M. Dessirier, peuvent continuer son œuvre.

» Le conseil municipal de Frotey a voulu constater par un acte authentique les résultats si remarquables obtenus par M. Dessirier, et lui donner un témoignage de sa gratitude ; il a voté à l'unanimité des remercîments à l'habile professeur. Cette délibération du conseil municipal est motivée dans les termes suivants :

« Douze jours ont suffi pour produire des résultats incroyables, inespérés. Si la méthode de M. Dessirier est des plus simples, elle est aussi des plus efficaces. Grâce à cette méthode si ingénieuse, grâce aussi à l'habileté du professeur, les enfants sont à même, après un temps si court, de chanter dans tous les tons majeurs et mineurs. Les difficultés ordinaires des dièzes et des bémols, des intervalles, ne les arrêtent point, et, chose plus étonnante encore, ils sont capables d'écrire un air quelconque sous la dictée... »

» Lundi, nous avons pu vérifier l'exactitude de ces observations dans une dernière leçon donnée par M. Dessirier aux enfants de Frotey. Toutes les personnes témoins de l'expérience sont sorties émerveillées de ce qu'elles avaient vu.

» On ne saurait trop recommander, trop rendre populaire une méthode qui facilite à ce point l'enseignement de l'art musical, et il faut souhaiter qu'elle s'introduise dans toutes les écoles où cet enseignement est organisé. Cette méthode a d'ailleurs subi la discussion ; elle a fait ses preuves ; elle a en sa faveur le témoignage des appréciateurs les plus compétents. Voici quelques lignes empruntées à un article du journal *le Temps* sur la méthode de M. Dessirier :

« De toutes les méthodes de lecture musicale qui nous sont connues ; dit M. Johannès Weber, et je crois pouvoir compter dans ce nombre toutes celles qui ont une valeur réelle, ou qui en France et en Allemagne ont joui de quelque réputation, la méthode de M. Dessirier est celle où le principe de la tonalité me semble employé de la manière la plus conséquente et la plus complète. — M. Dessirier a renfermé toute la gamme dans un air très-court, très-facile à retenir, et dans lequel les caractères principaux des différents degrés deviennent aussi sensibles que cela se peut par la mélodie seule... Ce petit air sert de base dès le commencement à l'étude de la notation. C'est une sorte d'*epellation musicale* dont on ne peut apprécier tous les avantages que par la pratique... »

Un grand nombre de personnes généreuses, mon cher Ferjeux, m'ont, ainsi que M. Dessirier, donné ou promis leur concours.

D'abord, M. Suchaux, l'honorable directeur du *Journal de la Haute-Saône*, et M. Filingre, son savant rédacteur en chef, donnent, comme vous le voyez, une large hospitalité dans leurs colonnes à *l'œuvre de Frotey.*

La *Franche-Comté* de Besançon; le *Journal du Jura*, de Lons-le-Saulnier; le *Courrier de la montagne*, de Pontarlier; et la *Presse Grayloise* m'aident aussi de tout leur pouvoir.

MM. Catellan frères, les célèbres pharmaciens homœopathes de Paris, ont fait don à Frotey d'une magnifique boîte en palissandre à filets dorés de 50 cent. de long. sur 30 cent. de larg. contenant plus de 200 médicaments en teintures mères et en sixièmes dilutions : c'est une véritable *pharmacie rurale modèle.*

M. le Dr Rosen, de Vesoul, aussi bon médecin qu'excellent chirurgien, veut bien être gratuitement le médecin ordinaire de nos malades pauvres, ou peu aisés, et ouvrir chez lui un dispensaire en leur faveur.

M. Ch. Labérard, payeur de la Haute-Saône, habile agronome, s'est mis à ma disposition pour faire un cours d'agriculture aux gens de Frotey, et leur expliquer l'usage des instruments aratoires perfectionnés, dont il énumère si éloquemment les avantages dans son dernier *mémoire à MM. les membres du conseil général de la Haute-Saône.*

« Les instruments perfectionnés, dit-il, ce sont les travaux simplifiés et rendus faciles ; c'est l'exploitation du sol améliorée, accélérée; c'est l'homme, jusque-là courbé vers la terre, relevant enfin la tête, consacrant aux besoins et aux travaux de l'intelligence un temps qu'il dépensait aux rudes labeurs des champs; c'est la femme rendue aux occupations plus douces de la ferme, aux soins et à l'éducation de ses enfants et devenue la compagne plus attentive et plus aimée de celui dont elle partage la modeste et rude existence ; c'est en un mot, la civilisation entrant de plain-pied sous le toit de chaume, y apportant avec l'aisance une instruction plus soignée, des goûts plus élevés, des jouissances plus paisibles et mieux senties. »

M. Bizot, relieur à Vesoul, a fait cadeau à la bibliothèque communale des Œuvres complètes de Joseph Jacotot.

M. Jean Macé m'a envoyé pour la bibliothèque scolaire ses trois ouvrages d'éducation qui ont eu un si légitime succès : l'*Histoire d'une bouchée de pain* ; les *Contes du petit château* ; l'*Arithmétique du grand papa*.

M. Jules Delbruck a fait les délices des enfants et des grandes personnes par le don généreux de quatre volumes splendidement illustrés de ses *Récréations* si *instructives*.

La maison Chagot, l'une des premières maisons de fleurs artificielles et de plumes de la rue Richelieu, a bien voulu nous donner les couronnes de la *rosière* et du *liséen*.

La maison Vilmorin m'a spontanément offert, pour le musée des enfants, par la bouche de l'un de ses aimables associés, M. Lefebvre, six grandes feuilles coloriées de son magnifique album de légumes, ainsi qu'une collection d'échantillons de graines en flacons. Elle m'a offert également des échantillons des plus belles espèces de céréales pour notre commune, maintenant dotée d'instruments aratoires perfectionnés.

L'un de nos plus habiles architectes, l'excellent et spirituel M. Haureau, chez qui se réunit chaque semaine tout ce que Paris renferme d'inventeurs sérieux, a bien voulu accepter, comme un honneur, le titre et la charge d'architecte de Frotey.

Notre cher cousin, M. l'abbé Lordières, qui assistait à la cérémonie du 15 août, n'a pas ménagé ses peines pour contribuer à donner le plus d'éclat possible à cette fête de famille.

Notre frère Stanislas et sa jeune femme, qui m'aident tous les deux avec l'ardeur et le dévouement de la jeunesse et de la foi, ont offert à M. Dessirier la même gracieuse hospitalité qu'avait bien voulu accepter d'eux Suleyman Khan.

Enfin, mon cher Ferjeux, notre vénérable et vénéré père

qui, depuis 50 ans, propage dans la Haute-Saône et les départements voisins, avec un zèle d'apôtre et une verve d'artiste, les plus belles espèces de fleurs, de légumes, de fruits, de céréales, etc., ainsi que sa manière de tailler les arbres et la vigne qui donne infailliblement des fruits et des raisins chaque année, notre vénéré père s'est donné corps et âme à mon œuvre. Il n'a pas craint de se déranger et de faire, à l'âge de 77 ans, le voyage de Paris pour m'aider à choisir les instruments agricoles perfectionnés que je voulais donner à la commune et dont il expliquera l'emploi. Aussi, l'ai-je tout naturellement chargé, avec Stanislas, de me remplacer à Frotey.

Ces instruments sont en route et arriveront dans une huitaine de jours. Nous en avons choisi cinq qui suffiront pendant les premières années ; ce sont :

1° Une houe à cheval, en fer, système Bodin ;

2° Un buttoir Bodin à deux versoirs mobiles ;

3° Un rouleau brise-mottes dit Croskill ;

4° Un extirpateur-scarificateur à sept socs ;

5° Une herse articulée de cinq jeux, à cinq compartiments chacun.

Ainsi, mon cher Ferjeux, nous voilà bien et dûment constitués maintenant et soutenus déjà par un nombre respectable d'adhérents. Ma 4e lettre et la publicité qu'y vont donner l'*Opinion nationale* et le *Siècle* achèveront de consolider notre succès en centuplant le nombre des adhésions à mon œuvre et des souscriptions à mes *Lettres aux gens de Frotey*. Si, par hasard, il en était autrement, je quitterais toute autre occupation, tout autre soin pour m'absorber uniquement dans mon œuvre. J'irais moi-même, malgré ma déplorable santé, vers ceux que les occupations, la distraction ou la paresse, plutôt que l'indifférence, empêcheraient de venir à moi. Je voyagerais de bourgade en bourgade, de ville en ville, et, s'il le fallait, de place publique en place publique pour prêcher ma *commune modèle* et la souscription à mes *Lettres*, car j'ai fait d'une manière irrévocable le sacrifice de ma vie à mon *Œuvre de Frotey*.

Voici le troisième bulletin que je vous envoie et vous ne m'avez pas encore accusé réception du premier. Je commence à m'inquiéter de votre silence. Il est vrai qu'il faut encore trois mois pour échanger deux lettres entre Paris et Mexico — Ce que la navigation aérienne pourra faire, et bientôt peut-être, en moins de trois jours. — Puisse votre prochaine lettre m'annoncer, sinon votre retour définitif en France, au moins l'arrivée de vos chers enfants que j'attends depuis un an.

Notre excellent père qui est là, près de moi, au moment où je termine cette lettre, me charge de vous dire de venir l'embrasser avant le grand voyage. Combien il aimerait à vous voir fonder à Frotey quelque industrie importante qui aiderait puissamment au développement de notre œuvre !

Ma famille et moi nous nous joignons à lui pour vous embrasser du fond de nos âmes.

AUGUSTE GUYARD.

Paris, 20 septembre 1863.

P. S. Je reçois la lettre suivante :

« Monsieur, je viens de lire avec intérêt vos trois premières *Lettres aux gens de Frotey* sur une *commune modèle*, quoique j'y aie vainement cherché un peu de ce qu'on serait en droit que vous y missiez beaucoup, je veux dire un peu d'économie sociale.

» Vos lettres respirent une charité ardente ; elles sont pleines de foi, d'espérance, de poésie, de talent et, ce qui ne gâte rien, de verve et d'originalité. Mais la science sociale, souffrez que je le dise, n'y brille guère que par son absence. On n'y trouve que le vocabulaire des sciences économiques ; mais que peut-on fonder avec des mots? A moins que vous ne croyiez pas à la puissance organisatrice de ces sciences.

» Vos *Lettres* en effet semblent vouloir être de parti pris des espèces de *mandements philosophiques*, de *lettres pastorales civiles* ou des articles du *Journal des Initiés*, et votre œuvre de Frotey elle-même mentirait si elle prétendait être autre chose qu'une application de la morale, de la religion, de la philosophie et de l'éducation, à l'amélioration d'un village. Or, permettez-moi de douter qu'avec toutes ces respectables *antiquités*, vous puissiez faire quelque chose de neuf et de durable..... »

UN VIEUX SOCIALISTE.

Je réponds :

« J'ai, Monsieur, le plus grand respect pour l'économie sociale, pour les systèmes nouveaux et même pour les utopies généreuses qui ont pour but l'amélioration de la société. Cependant je vous avouerai que vous avez parfaitement saisi ma pensée, quand vous m'attribuez l'intention de ne pas m'adresser à la science, aux systèmes et aux utopies économiques pour faire une *commune modèle*.

» Oui, j'ai voulu démontrer *pratiquement* que la foi, l'espérance, la charité et ces vieilles sciences qui s'appellent la morale, la religion, la philosophie, l'éducation suffisent pour organiser une *commune modèle*, parce qu'elles sont fondamentales et pourraient à la rigueur se passer des autres sciences, qui ne pourront jamais, quoi qu'on dise et fasse, se passer d'elles. C'est seulement en appliquant la morale, la religion, etc., aux autres sciences que j'utiliserai ce qu'il y a de vrai dans celles-ci.

» Oui, Monsieur, je démontrerai cela aussi sûrement, sinon aussi vitement, qu'avant-hier, chez mon ami Haureau, le savant opticien, M. Soleil m'a prouvé par une expérience à la portée de tous, que la lumière, en elle-même, n'est que du mouvement *incolore*, que la lumière est *noire* et que la soi-disant lumière blanche et les couleurs ne sont que des sensations produites par les vibrations de l'éther chez les êtres munis de l'appareil de la vision.

» Vous attendrez donc quatre ou cinq ans, peut-être, ma démonstration. Mais, en attendant, permettez-moi de relever le mot d'*antiquités* que vous appliquez à des choses éternelles, c'est-à-dire à des choses *anciennes*, il est vrai, mais aussi toujours *nouvelles*, parce que la morale, la religion, la phisophie l'éducation sont des sciences indéfiniment perfectibles comme l'humanité elle-même... »

J'ai oublié de vous signaler une chose importante, c'est le zèle avec lequel les écoles de Frotey sont fréquentées pendant l'été, grâce à mon mode de gratuité de l'enseignement. Ainsi, pendant tout ce dernier été, il y a eu constamment dans les deux classes, de 70 à 80 élèves; les autres années elles étaient presque désertes à cette époque.

Pendant que j'y suis, je répare d'autres oublis.

M. Barral, le savant directeur du *Journal d'agriculture pratique*, m'a donné pour notre bibliothèque son dernier livre, *le Blé et le Pain*, en attendant qu'il me donne ses autres ouvrages.

J'ai rapporté de mon voyage deux titres locaux dont je suis heureux et fier. La Société d'*agriculture, sciences et arts de la Haute-Saône*, ainsi que la *Commission d'archéologie et des sciences historiques* du même département, m'a fait l'honneur de m'admettre parmi ses membres.

M. Piallat, l'un de nos plus célèbres photographes, a bien voulu me proposer d'éditer au profit de l'œuvre de Frotey mon portrait que la plupart de mes souscripteurs me demandent.

A. G.

PRINCIPAUX OUVRAGES D'AUGUSTE GUYARD :

Lettres aux gens de Frotey (les trois premières). . . . . . 3 fr.
La 3e contient le programme complet de l'œuvre.

Guide des gens du monde *à travers les systèmes de médecine.* 1 vol. in-18, 2e édit. . . . . 2 fr. 50

Les Fils de la Sorcière, ouvrage d'imagination qui peut être mis sans danger entre les mains des jeunes filles. 1 vol. in-18 sur beau papier glacé et satiné, 2e édit. 3 fr. 50

Le Latin et le Grec appliqués au Français, à l'usage des institutrices, des mères de famille, des jeunes personnes, des instituteurs primaires et de tous ceux qui veulent apprendre seuls, en quelques mois, le latin et le grec nécessaires à l'intelligence de la langue française. 1 vol in-18, sur beau papier glacé et satiné. . . . . . 3 fr. 50

La Femme, *hymne de la jeunesse*, joli petit in-32, 3e édit. . . 50 c.
Ce poétique éloge du sexe féminin donnera une salutaire confiance en elles-mêmes aux femmes qui pourraient douter de leur aptitude à apprendre et à enseigner le latin et le grec.

Du Droit et du Devoir *au point de vue de l'absolu.* 1 vol. in-18, 2e édit., sur beau papier. 2 fr. 50
Ce livre montre que la destinée humaine est la base et le critérium du droit et du devoir, du bien et du mal.

L'Athée conséquent, *nouvelle.* 1 vol. in-18, sur beau papier. 2 fr. 50
C'est une analyse de ces deux idées : *croyance* et *négation*, et une réfutation de l'athéisme.

Pour paraître prochainement :

Quintessences, 5e édit. in-18, sur papier glacé, satiné, avec portrait de l'auteur. . . . . 3 fr. 50
« Œuvre profondément pensée, supérieurement écrite... Bien peu d'hommes auraient pu faire ce livre, qui nécessite l'imagination, la réflexion et l'érudition au même degré. » Emile DESCHAMPS.
« C'est un délicieux volume plein de sens, de finesse et d'esprit; c'est la quintessence de toutes les idées justes, de toutes les aspirations généreuses et le résumé de la sagesse contemporaine. Louis JOURDAN.

BULLETIN BIBLIOGRAPHIQUE.

Je recommande tout particulièrement à mes lecteurs :

Le Blé et le Pain, *liberté de la Boulangerie*, savante étude, par J. A. Barral. 1 gros vol. in-18, à la librairie Agricole, 26, r. Jacob. 6 fr

Éducation des Femmes, par Mlle Nathalie de Lajolais, ouv. couronné par l'Académie française, chez Didier, 35, q. des Augustins. 3 fr.

Le Livre de tout le monde *sur la santé, Notions de Physiologie et d'Hygiène*, par le docteur Burggræve. 1 vol. in-18. Chez Didier. 3 fr. 50

Le Magasin pittoresque, par M. Edouard Charton et J. Best, revue populaire mensuelle illustrée, qui serait à elle seule une bibliothèque et un musée pour les 40,000 communes de France. 29, quai des grands Augustins . . . . 6 fr.

L'Histoire de France illustrée, publiée par l'administration du *Magasin pittoresque*. 2 magnifiques vol. . . . . 12 fr.

Le Journal d'éducation physique, intellectuelle et morale, de M. Clouzet aîné, et tous les ouvrages d'éducation du même auteur, notamment ses trois grammaires graduées et son petit livre des mères de famille. En demander le prospectus à Bordeaux, 45, rue Porte-Déjeaux.

Les ouvrages de M. Clouzet sont des meilleurs livres élémentaires que je connaisse : ils sont clairs, courts, méthodiques et peu chers. Je les recommande à l'instituteur et à l'institutrice de ma *commune modèle*, en attendant que j'aie fait ou fait faire spécialement pour nos écoles et notre commune les *petits livres de Frotey*.

Paris. Imp. de E. Donnaud, rue Cassette, 9.

www.ingramcontent.com/pod-product-compliance
Lightning Source LLC
LaVergne TN
LVHW012011160826
845678LV00002B/762